WHAT
THE
FUCK

FUCK
IT

SHUT THE
FUCK UP

HOLY
FUCK

YIPPEE KI YAY MOTHER FUCKER

ABSO
FUCKING
LUTELY

FOR
FUCKS
SAKE

FUCK
YEAH

FUCK
NO

FUCK
RIGHT
OFF

GET
FUCKED

FUCK
ME

ARE YOU
FUCKING
KIDDING
ME

WELL
FUCK

UN
FUCKING
BELIEVABLE

DUMB
FUCK

GET THE
FUCK
OUTTA
HERE

ZERO
FUCKS
GIVEN

WHAT A CLUSTER FUCK

SWEET
FUCK
ALL

DIRTY
LITTLE
FUCKER

GO
FUCK
YOURSELF

THAT'S
FUCKED

FUCK
THIS
SHIT

www.ingramcontent.com/pod-product-compliance
Lightning Source LLC
Chambersburg PA
CBHW080230220526
45467CB00035B/3358
9798385827930